흰 책

흰 책

정끝별 시집

민음의 시 96

민음사

自序

세상 모든,
농과 되풀이를 위하여

차례

1

밀물　13
흰 책　14
사랑　15
아我집을 관棺통하다　16
지나가고 지나가는 1　18
동지 1　19
속 좋은 떡갈나무　20
떡갈나무 둥치와 숟가락　22
달집　23
우리 집에 온 곰　24
내 안 저놈들　26
동지 2　28
강진 편지　29
안개 속 풍경　30
늦여름 한 마당　31
얼굴을 파묻다　32
현 위의 인생　33
인디언 전사처럼　34
흰 거지 검은 거지　36
지나가고 지나가는 2　38
사람들은 물고기를 닮았다　40

2

희망　43
만두 속 달팽이　44
더럭 터럭　46
이하동문　47
한 집 사랑　48
토정비결을 보다　50
두 문 두 집　52
전전긍긍　53
날아라! 원더 우먼　54
부기우기 뜨랄라　56
게임의 법칙　57
단풍 갈까?　58
한 집 눈물　59
시 속에서야 쉬는 시인　60
절필을 선언한 시인　62
시인의 일식　65
길섶 꿈속　66
그리운 한 집　69

3

뒷심   73

블루 블루스   74

고 집   75

흑백알락나비   76

독   78

무용가처럼   79

사랑새앵무   80

병들어 누울 ㅈ   82

관망   83

하마터면   84

손가락을 빨다   85

기타를 부수다   86

주차 정차 정사   87

안달복달   88

풍뎅이   89

울진에 울새   90

이력서를 쓰다   92

정글 1   94

옹관 3   95

정글 2   96

동요動搖   97

1

밀물

가까스로 저녁에서야

두 척의 배가
미끄러지듯 항구에 닻을 내린다
벗은 두 배가
나란히 누워
서로의 상처에 손을 대며

무사하구나 다행이야
응, 바다가 잠잠해서

흰 책

　흰 자모음을 두서없이 휘갈겨대는군요 바람이 가끔 문법을 일러주기도 합니다 아하 千軍萬馬라 써 있군요 누군가 백말떼 갈기를 마구 흔들어대는군요 희디흰 말털들이 부지런히 글자를 지우네요 아이구야 복숭아꽃 살구꽃 아기진달래 떼떼로 몰려오는군요 흰 몸이 흰 몸을 붙들고 자면 사랑을 낳듯 흰 자음 옆에 흰 모음이 가만히 눕기만 해도 때때로 詩가 됩니다 까만 머리를 빡빡 밀어버린 수천의 중들이 휘파람을 불면서 써제끼는 날라리 게송들도 있군요

　가갸거겨 강을 라랴러려 집을 하햐허혀 나무를 들었다 놓았다 한밤내 석봉이도 저렇게 글줄깨나 읽었을 겝니다 그밤내 불무 불무 불무야 이 땅에서 제일 따뜻한 아랫목을 위해 확— 열어놓은 불구멍 같은 저 달을 세상 어미들이 밤새 가래떡처럼 썰어대는군요 그러니 저리 펄펄 내리는 거겠죠 한밤내 호호백발 두 母子가 꿈꾸었을 해피엔딩을 훔쳐 읽다 문득 자고 있는 아이놈 고추를 만져보는 기가 막힌 밤인 겝니다

사랑

나오는 문은 있어도 들어가는 문이 없는

뜨겁게 웅크린 네 늑골
저 천길 맘속에
들어앉은
수천 년의 석순 끝
물 떨어지는 소리를 내며
너를 향해 한없이 녹아내리는
몸의 꽃이 만든
몸의 가시가 만든
한번 열려 닫힐 줄 모르는
다 삭은 움막처럼
바람 속에서 발효하는
들어가는 문은 있어도 나오는 문이 없는

그 앞에서 언제나 오줌이 마려운

아我집을 관棺통하다

물고기는 물 속에 두더지는 땅 속에
거미는 허공에 집을 세우건만
저 달팽이는 유독 제 살 속에 집을 세운다지
둥그렇게 병든 제 몸뚱이를 아我집이라 부르며
죽을 때까지 제 집을 지고 다닌다지
수십만 번 같은 밥을 먹고
수만 번 같은 똥을 만들어내며
폐가임에 틀림없는 제 살집 속에서 나와
망집임에 틀림없는 제 살집 속으로 들어간다지
줄도 없고 빽도 없이 없는 길을
희망이라 여기며 가랑잎에 알을 깐다지
그러니 아집인 게지
수만 개의 혀가 빠지며
수십만 개의 똥집을 쏟아내며 번번이
없는 길을 온몸으로 밀어붙인다지
그래봐야 저 길에 묶여
저 길에 의지할밖에 없을 텐데
저 길을 벗어나는 길은
층층이 쌓인 제 살집을 관棺통하여 쏘옥
빠져나가는 길뿐인데

저 길고 슬픈 혀
저리 처진 괄약근 하나로 말이지

지나가고 지나가는 1

지나간다 한 사람 참 밤나무 꽃을 지나 벌써
너도 밤나무 열매와 나도 밤나무 그늘을 질러
지나간다 눈물샘 밑 한갓진 공터를 돌아
오래 지나온 길을 더듬어가는 뒷골목에는
까악 깍 까치 집도 있다
그러나 집으로 가는 길 아니다
한 사람 집은 없다
지나가는 청춘인가 싶은 저 폐허에게
지나가는 비를 껴안고 울먹이는 저 거리에게
한 사람을 막 지나가는 저 막막한 가로등에게
주어버렸다 이제 한 사람 내장도 없다
내장이 없으니 지나가고 지나가는
한 사람 갈비뼈가 접혔다 폈다
바람이 빠져나갈 때마다 아코디언 소리를 낸다
성큼성큼 지나가고 지나가는
한 사람 안이 없어
잃어버릴 밖도 없다
텅 빈 바짓가랑이만이 서로를 스치며
나풀나풀 휘파람을 불어댈 뿐
늘 밤나무 위 너도 올빼미 뒤
먼 달 아래 한 사람 지나가고 지나간다

동지 1

세상 가장 아름다운 눈이 내리는 저녁내
세상 가장 아름다운 집들이 문을 여는 저녁내
저기 함부로 개켜놓았던 저녁 하늘을 반듯이 펴
세상 가장 먼 달 몸에
세상 가장 먼 구름 마음을 꿰어
길길이 끊겼던 길들을 깁습니다
세상 모든 부끄러운 속들을 뒤집어가며
세상 모든 떨어지고 헐고 구멍난
당신 겨드랑이와 내 겨드랑이를 맞대놓고
세상 모든 조각난 별들을 이리저리 붙여가며
세상 모든 너덜대고 버림받고 빛바랜
당신 가슴과 내 가슴을 포개놓고

세상 가장 아름다운 아이를 만드는 저녁내

속 좋은 떡갈나무

속 빈 떡갈나무에는 벌레들이 산다
그 속에 벗은 몸을 숨기고 깃들인다.
속 빈 떡갈나무에는 버섯과 이끼들이 산다
그 속에 뿌리를 내리고 꽃을 피운다
속 빈 떡갈나무에는 딱따구리들이 산다
그 속에 부리를 갈고 곤충을 쪼아먹는다
속 빈 떡갈나무에는 박쥐들이 산다
그 속에 거꾸로 매달려 잠을 잔다
속 빈 떡갈나무에는 올빼미들이 산다
그 속에 둥지를 틀고 새끼를 깐다
속 빈 떡갈나무에는 오소리와 여우가 산다
그 속에 굴을 파고 집을 짓는다

속 빈 떡갈나무 한 그루의
속 빈 밥을 먹고
속 빈 노래를 듣고
속 빈 집에 들어 사는 모두 때문에
속 빈 채 큰 바람에도 떡 버티고
속 빈 채 큰 가뭄에도 썩 견디고
조금 처진 가지로 큰 눈들도 싹 털어내며

한세월 잘 썩어내는
세상 모든 어미들 속

떡갈나무 둥치와 숟가락

산책을 한 적 있다 오래 걷고서야 적막한 숲에 이르렀다 염려와 공포로 목이 탔다 약수터 흔적이 남아 있었으나 바닥은 바싹 말라 있었다 옆으로 난 길로 들어서니 잡초 무성한 집터 한가운데 철제 캐비닛이 뚝뚝 녹물을 흘리고 있었다 사월인데도 바람이 뼈에 부딪쳤다 턱턱 내가 무서웠다 저만치 전기톱에 토막난 채 버려진 떡갈나무 둥치가 보였다 아무렇게나 구르며 어두운 산책자들의 쉼터 노릇을 했던 모양이다 다가가 앉았다
    내 몸이었다
      떡갈나무 둥치—
 나직이 되뇌일 때 후드득 뜨거운 빗방울이 나를 훑고 갔다 한결 따뜻했다 일어서는 순간, 함부로 드러누운 떡갈나무 둥치 옆구리에 푸른 싹이 돋아 있었다 갓난아이 손톱처럼 투명했으나 제법 실해 보였다 썩어 무너지면서도
        문드러진 뭉뚝 팔뚝에
     검정 고무줄로 묶여 있던
    소록도의 푸른 숟가락……
 소스라쳐 숲을 나왔다 그 숲에는 끝의 끝에 알을 까는 죽음보다도 더 질긴 것들이 있었다

달집

저 씨앗이
저 그늘이
저 허공이

나비며 구름이며 나뭇잎이며를
따순 세간으로 들여놓고
골골이 속 깊은 고치 하나 만들며
줄창 틀고만 앉아 있는데요

저 꽃 속 씨앗처럼
저 나무 속 그늘처럼
저 하늘 속 허공처럼
내 몸속 달새도

오진 궁둥이에 달 물 차오르면
달집에 화악 불을 놓듯
와들와들 은빛 신기루를 털며 차고 날아
밤하늘을 밝힌다지요
허구한 날 지친 몸 한가운데
불구덩이 집을 짓는
이 뱃집 한가운데서요

우리 집에 온 곰

흰 눈을 이글루처럼 뒤집어 쓴 채
닻 같은 앞발톱으로 베란다 창을 긁고 있었어
두 눈을 유빙流氷처럼 끔벅이며
집에 들어가도 돼—

어떻게 여기까지 온 거야?
안 돼! 그렇게 앞발에 힘을 주면 아파트가 무너져
안 돼! 그렇게 큰 몸으로는 들어올 수 없어
몸을 줄여야 해 그래 좋아 3층만해졌구나
먹을 걸 줄 수 없어 좀더 작아져야 해
이제 1층만해졌어 조금만 더 조금만
그렇게 울지 마 사람들이 깨면 경찰이 달려올 거야
작살 이빨은 뽑아야 해 물고 싶어질지도 몰라
갈고리 발톱도 잘라야 해 긁히면 다쳐
그래 좋아 그렇게 진한 툰드라 냄새를 피우지 마
가시털을 세우면 안 돼! 절대로!
그래 착하지 좋아좋아

손바닥만하게 된 하얀 북극곰
꼭지에 고리를 묶어 아이 가방에 매달아 주었더니

온몸을 흔들며
유치원 가는 아이를 따라나선다
잘 잤니? 흰곰 배를 꾹꾹 누르는 아이에게
어김없이 불러주는 북극곰의 코맹맹이 노래
    유 아 마이 썬샤인—
    마이 온리 썬샤인—

오 낯익은 내 목소리

내 안 저놈들

놈들의 무례는 스스로를 똥쯤으로 위장하는 악취로부터 시작되지. 가장된 무례야말로 매혹의 조건! 구둣발로 슬쩍 짓뭉개면 무례는 간데없고 웬걸? 이젠 철갑을 두른 채 경계할걸. 단단한 껍질을 벗기는 데는 오랜 노하우와 테크닉을 요하지. 부드러움에 적당한 힘을 실어 냅다 내리치면, 호들갑에 화들짝, 놈들은 속살을 드러내고 말아. 놈들과의 한판 승부는 이제부터야. 넷에 셋은 아직도 신이 펄펄 나 있고 다섯에 둘은 유들유들 취생몽사고 둘에 하나는 찍찍 침을 뱉으며 은근짜에 행짜야. 핫둘! 핫둘! 뜨겁게 달궈진 프라이팬에 기름을 두르고 놈들을 우르르 몰아넣어 아서! 조바심에 불을 세게 하거나 방치하는 건 절대 금물. 은밀한 행운을 잡듯 쥐도 새도 모르게, 놈들이 노릇노릇 긴장을 풀도록 천천히 달달 볶고 종종 엎어쳐야 해. 이따금씩 짓눌러주면 설설 알랑해져. 시간은 얼마든지 있고 배는 결코 고프지 않은 듯 즐길 수 있으면 더욱 좋지. 집요한 휘저음에 놈들이 녹초가 되고 헤벌름 뜨거워져 날 좀 줘! 날 좀 먹어줘! 애걸하며 고소한 살 냄새를 피우는, 그, 순간, 날카로운 포크로 한 놈씩 찍어 한입에 쏘옥— 넣는 거야. 이때 잠깐! 놈들에 대한 간단한 묵념 정도는 빠뜨리지 않도록! 투항

직전의 은행이 얼마나 뜨거운지는 데본 사람만이 아는
법이라서.

동지 2

　어미가 생살을 비틀며 반죽을 한다 떡쌀 눈이 펑펑 내리기도 했던가 잘 삼킨 비명을 짓이기자 부드럽고 찰진 쌀가루가 이마 가득 송글송글 새알심으로 빚어진다 암소 엉덩짝만한 가마솥에서는 팥물이 끓기 시작한다 싸릿대를 아궁이에 넣고 풀무를 돌린다 화악— 잉걸불이 타오르자 붉은 팥물이 뽀글뽀글 일어선다 퍽퍽 끓는 팥물에 새알심이 뚝뚝 떨어진다 다시 싸릿대를 넣고 풀무를 돌린다 새알심이 이슬처럼 떠오른다 하얀 살이 몰캉스레 익어가고 걸죽한 피가 뜨겁게 끓는 동안 어미 몸도 노래처럼 가벼워진다 축원과 액막이로 밑간을 한다 가마솥 밑으로 잔불씨들이 노을지고 성주님 전 조왕님 전에 올릴 사기 대접 속 갓 쑨 팥죽, 한 그릇이

강진 편지

　버석이던 갈대 잎은 바람에 쏠렸는데요 산벚꽃 웃음에 춘백春柏의 눈매는 헛헛히 무너졌는데요 그렇게 웃자란 꽃핌은 온통 상처라 당신 곁 무릎쯤만 내어주고 싶었는데요 몸끝 어쩌지 못하고 물오르는 풀인지 향기인지

　모란 잎새 그늘 불현듯 꿈틀대던 꽃대도 그 꽃대 끝에서 떨던 소란한 저녁 물비늘도 몸안을 일렁이던 햇살도 죄다 한통속들이었는데요 그렇게 한백년 비껴 서 있던 당신 겨드랑이와 내 겨드랑이가 이제야 키 낮은 망대를 만들다니

　바라보는 일만도 망설임이었거늘 가슴에 서로를 묻는 일이야 만장輓章처럼 당신 쪽으로 누운 풀자국에 내내 가난할 것입니다 모란 냄새 선명한 하마 흔하디흔한 한 봄밤으로 나 내내 따뜻할 것입니다

안개 속 풍경

깜깜한 식솔들을 이 가지 저 가지에 달고
아버진 이 안개 속을 어떻게 건너셨어요?
닿는 것들마다 처벅처벅 삭아내리는
이 어리굴젓 속을 어떻게 견디셨어요?
앞 못 보는 개의 부푼 혀가 컹컹 거려요
한치 앞이 안 보이는 발부리 앞을
위태로이 뻗어만 가는 두살배기는
무섭니? 하면 깔깔깔 응 우서워, 하는데요
바람에는 땅 끝 냄새가 묻어 와요
거기 안개 너머에는 당신 등처럼 넓디넓은
등나무 한 그루 들보처럼 서 있다는데요
깜박깜박 푹 젖은 잠에서 깨어나면
는개와 한몸 되어가는 백내장이 내 눈꺼풀
덜거덩 덜컹 어디론지 화물 열차가 지나가요
당신의 등꽃이 푸르게 피어 있는 거기
꽃이 있으니 길도 있는 거죠?
예전처럼 무섭니? 낮게낮게 물어주세요
아니 안 무서워요! 큰 소리로 대답할게요
이 안개 속엔 아직 이름도 모른 채 심어논
어린 싹이 저리 짠하게 뻗어가는걸요!
나무는 언제나 나무로 서 있어야 하는걸요!

늦여름 한 마당

멍석에 벌렁 누운 풋고추들이 쑤군쑤군
지치지도 않고 개밥을 떠도는 초록빛 파리를
속수무책 설사중인 누렁이는 개 닭 보듯
한여름 오후의 마당은 그랬다
가파른 햇살에 아흔아홉 발을 찔리고
피투성이가 된 아이가 마당을 가로지르며,
우리를 엿보는 저 탱자나무 좀 보세요
초록빛 파리가 개에게 삿대질예요
늙은 개는 거품을 물고 나동그라졌어요
빨리 돌아오세요 핏빛 칸나 엄마
닭 벼슬에 불이 붙었어요 일어나세요
고추들도 바짝바짝 타들어가잖아요
심장처럼 벌떡대는 한 마당 아빠
안 보이세요 우우 인디언처럼 몰려오는
산마루의 먹구름과 저 칼비들이
아 오늘밤엔 폭풍이 올 것만 같아
천불 기둥이 날 넘어뜨릴 것만 같아

한 마당에 갇힌 아이는 노래하건만
세상은 적적하고 마당은 요요하건만

얼굴을 파묻다

흐르는 것들에서는 묵은 쌀겨 냄새가 난다
갓 담근 술항아리에서 포도알을 훔쳐 먹고
얼굴을 파묻던 한마당의 쌀더미는 따뜻했다
누렇게 좀먹던 스무 살 페루의 하늘도
쏟아질 듯 무겁기만 하던 원산도 별밭도
비어 있던 대성리 철둑길도 그늘 무성해
소나기 퍼붓고 세상은 선뜻 변했다
쌀벌레들은 다시 쌀더미에 향기로운 집을 짓고
푸른 들판에 누워 한 백년쯤 자고 싶어,
지친 男子는 잎도 지기 전 창백한 女子를 떠났고
이름조차 기억되지 않는 서늘한 질투도
이만큼 지나쳐서야 눈치채는 것인데
이 늦은 저녁 쌀을 씻으며
치댈수록 부예지는 쌀뜨물에 얼굴을 묻고
다행이다, 쌀벌레 껍질처럼
어제가 낙낙히 뜰 수 있다는 것은
부박했던 노래가 떠내려 갈 수 있다는 것은
차르르 차르르 말갛게 씻겨진 마음이
잘 익은 밥 냄새를 피워올릴 수 있다는 것은

현 위의 인생

세 끼 밥벌이 고단할 때면 이봐
수시로 늘어나는 현 조율이나 하자구
우린 서로 다른 소리를 내지만
어차피 한 악기에 정박한 두 현
내가 저 위태로운 낙엽들의 잎맥 소리를 내면
어이, 가장 낮은 흙의 소리를 내줘
내가 팽팽히 조여진 비명을 노래할 테니
어이, 가장 따뜻한 두엄의 속삭임으로 받아줘
세상과 화음할 수 없을 때 우리
마주앉아 내공에 힘쓰자구
내공이 깊을수록 아름다운 소리를 낸다지
모든 현들은
어미집 같은 한없는 구멍 속에서
제 소리를 일군다지
그 구멍 속에서 마음놓고 운다지

인디언 전사처럼

말은 달리다 숨이 차면 제 목을 물어뜯어
끓는 피들을 풀어놓는다지

숨차게 달리는 말잔등에 재빨리 올라
칼날처럼 바람을 가르며
저 거친 벌판을
고삐도 재갈도 안장도 다 내던지고
바람조차 눈치채지 못하게
편자도 말머리도 마침내는
말꼬리도 없이 달려봤으면

머리에는 새털을 꽂고
얼굴에는 바람 자국을 새기고
말 뱃가죽이 뚫어지도록 박차를 가해
말발굽 구름을 내뿜으며
달리고만 싶은데
끼야호! 창과 활을 높이 쳐들고
인디언 전사처럼
달릴 줄밖에 모르는 말 위에서
전 생을 탕진코만 싶은데

달리면 달릴수록
더 세게 내 허리를 붙잡는 다급한 소리
엄마 천천히 위험해 여보

흰 거지 검은 거지

저무는 저녁해에 하염없이 얼굴 붉히는
저 늙은 줄사철나무 한 그루만 같았으면

언젠가 돈이 좀 생기면 말이지
기웃기웃 말품에 글품이나 팔아먹고 사는
이 강사질부터 집어치울 거지 어차피
일용 잡직인 거지 시인이래 봐야 서비스직인 거지
혹시 말이지 돈이 좀 생기면
무궁화 다섯짜리 호텔에서 룸서비스 받으며
코카콜라 코냑 코카인 콘돔 끝없이 투명한 코라의
그 끝자락을 보고 싶어질 거지
율도국이라고도 하는 저 위도에 낚싯대 던져두고
선유도 갯가에서부터 배몰이나 할 거지
파푸아뉴기니냐나 하바나의 연애는 어때?
그래 돈이 좀 생기면 말이지
교보 종로 영풍 서울 통째로 불태워버릴 거지
네루도 이런 장엄한 마음이었을 거지
레옹의 다연발총을 어깨에 메고 밖으로
3000cc 오토바이를 타고 이 세상 밖으로
절대 멈추지 않을 거지 돈이 좀 있으면

어디로든 나갈 수 있을 거지만
어디든 빠질 수 있을 거지만 언제나
돈이 좀 없으니 난 더러운 파리만 같은 거지
한 군데 있을 수가 없이 지루한 거지 한없이

늙은 줄사철나무 한 그루 뒤로 철렁 갈앉는
변산반도 저 저녁해만 같았으면

지나가고 지나가는 2

 미끌하며 내 다섯 살 키를 삼켰던 빨래 틈벙의 틱, 톡, 텍, 톡, 방망이 소리가 오늘 아침 수도꼭지에서 흘러나와 수챗구멍으로 지나간다 그 소리에 세수를 하고 쌀을 씻고 국을 끓여 먹은 후 틱, 톡, 텍, 톡, 쌀집과 보신원과 여관과 산부인과를 지나 르망과 아반테와 앰뷸런스와 견인차를 지나 화장터 길과 무악재와 서대문 로터리를 지나 그렇게도 많은 사람들을 지나간다 꾹 다문 입술 밖에서 서성이던 네 입술의 뭉클함도 삼일 밤 삼일 낮을 자지도 먹지도 못하던 배반의 고통도 끝장내고 말 거야 내뱉던 악살의 순간도 지나간다 너의 첫 태동처럼 틱, 톡, 텍, 톡, 내 심장 한가운데를 지나 목덜미를 지나 손끝을 지나간다 지나가니 여전히 누군가를 만나 밥을 먹고 술을 마시고 웃고 울고 입을 맞추고 쌀을 사고 종이와 볼펜을 사고 모자를 사고 집을 산다 한밤중이면 더욱 크게 들려오는 틱, 톡, 텍, 톡, 소리를 잊기 위해 잠을 자고 사랑을 하고 아이를 낳는다 틱, 톡, 텍, 톡, 날카로운 구두 뒤축으로 나를 밟고 지나가는 그 소리보다 더 크게 틱, 톡, 텍, 톡, 기침을 하고 틱, 톡, 텍, 톡, 노래를 하고 틱, 톡, 텍, 톡, 싸운다 틱, 톡, 텍, 톡, 소리가 들리는 한 틱, 톡, 텍, 톡, 나는, 지나가는 것이고 틱, 톡, 텍, 톡, 살아 있는 것이다 틱, 톡, 텍, 톡, 틱, 톡, 텍, 톡, 틱, 톡, 텍, 톡……

사람들은 물고기를 닮았다

비가 내려요 상처도 고이면 웅덩이가 돼요 항아리가 돼요 아이 간지러워라 항아리 속 물비늘들 자발없이 출싹대다 오가는 구름과 배가 맞아요 배가 맞아 해가 묵으면 물이 차고 살을 낳아요 살이 있으니 들고나는 거죠 그렇게 들고나는 살들은 죄다 찌예요 바늘이에요 길게 오늘처럼 길게 비가 내리면 사람들은 물고기를 닮아요 흐흥 빠진 물에 빠지고 물린 곳에서 물려요 빠진 것에 또 빠지고 물린 것에 다시 물리려고 길길이 속살부터 젖는다는 거죠 그러니 천년내 사랑이라는 것이 죄다 꼬리에 꼬리를 물고 들고나는 무자맥질이라는 거죠 뭐, 저 저런

2

희망

구멍에 빠져 본 사람은
구멍을 제 몸속에 넣고 다닌다
두 눈을 움푹 파헤치고

구멍을 등에 지고 가는
은빛 눈썹의 낙타야
지친 너에게 구멍은 오아시스였니?
배 한가운데 구멍을 안고 가는
베두인의 여자야
허기진 너에게 구멍은 집이었니?

구멍에 빠질 때마다
한 삽씩 네 눈에서 퍼냈던
꽃 핀 모래가
신기루
그 허방이었니?

만두 속 달팽이

만두를 먹다 이상한 게 씹혔다
망가진 콩 같아 도로 집어넣으려다
다시 보니 콩만한 달팽이였다
매점 아줌마는, 달팽이는 깨끗해서 괜찮아—
청정 일급의 달팽이가 어쩌다

두부 김치 파 당면 등속과 뒤섞여 비벼지며
날 좀 빼내줘, 난 너무 비벼졌어,
둥그렇게 오므려진 만두피 속에서
숨막혀, 내가 내 숨통을 죄고 있잖니,
두부 고기 숙주 부추 등속을 헤쳐 가다
펄펄 끓는 솥 안 만두피 속에서
날 좀 내보내 줘, 내 내장 냄새 좀 봐,
두부 김치 파 당면 등속과 함께 푹 쪄지며
삶아, 그만 삶아, 난, 터질 것만 같아,
멍청한 달팽이 어쩌다가

저녁 달마저 모락모락 만두 냄새를 피우는데
달 같은 만두 속을 헤쳐 가는 저 달팽이도
만두 같은 달을 짊어지고 가는 이 놈팽이도

팽 팽 돌며, 가고 또 가는 것이다
축축하고 뜨뜻하고 그리고 또 축축한
두부 김치 파 당면 등속의 이 만두피 속을

더럭 터럭

먹이가 들어가는 모든 입구에는 터럭이 없다
입이건 주둥이건 부리건 아가리건 터럭이 없다
먹이가 닿는 모든 부분에는 터럭이 없다
손바닥이건 발바닥이건 뱃가죽이건 터럭이 없다

따오기류에는 머리에 터럭이 없는 놈들이 많다
진흙탕이나 개펄에 머리를 박고 먹이를 구하기 때문이다
대머리 흰깃 독수리나 콘도르라는 이름의 큰 매는
머리 전체는 물론 긴 목에까지 터럭이 없다
죽은 짐승의 내장에 목을 박고 먹이를 구하기 때문이다

방바닥을 쓸 때마다 터럭이 한 움큼씩 쓸린다

이하동문

그 남자가 죽었다
롯데기공 해외영업 차장이 죽었다
중학생인 두 자녀의 아버지가 죽었다
독학으로 대학까지 마친 보리가시 고학생이 죽었다
   실적을 보여야 하는데,
살아남으려고 아등바등 뛰어다니던 녀석이 죽었다
바람 한번 피워본 적 없는 남편이 죽었다
   가뜩이나 감원 바람인데 근무 중에 병원 가면 목잘려,
만성 간염 증세를 보이던 깜부기가 죽었다
마흔이 넘도록 리시버를 꽂고 다니던 학원생이 죽었다
   미국 바이어들이 너무 까다롭게 굴어,
40억짜리 수출 계약을 성사시킨 악바리 상사가 죽었다
14년째 결근 한번 한 적 없는 시계 불알이 죽었다
어느 날 잠자리에서 일어나 출근길 몸살약을 지어 먹고
   도저히 못 견디겠어,
병원에 가자마자 의식 불명이 된 중환자가 죽었다
간경화가 진행된 패혈증
잠깐 깨어나 산소 호흡기를 떼고 일어나려 하며
그 남자는 이렇게 유언했다
   빨리 회사에 가야 하는데,

한 집 사랑

변기통이 쿨럭이면
쓰레기통이 뒤집히면
지붕이 헐떡이면
온 동네가 쩍쩍 금이 가면
한 집이 사랑을 하면

닥치는 대로 먹는다 대갓집일수록
비통한 다리들을 쏙쏙 건져 먹고
쳇 바퀴들을 씹지도 않고 삼키고
걸쭉한 때국물에 비벼진 후두둑 창살비를
젓가락에 돌돌 말아 후루룩 빨아먹고
사시나무 그림자까지 싹싹 긁어먹는다
아귀아귀, 한 집과
사랑에 빠진 모든 길은
집의 밥이다

목젖 꽃 핀 한 집에
집어넣고 집어넣고 집어넣는
숨가쁜 나 한 세월
사랑에 주려 찌걱찌걱

입 벌려대는 나 한 집
나 집의 꽃똥

토정비결을 보다

正月　　입을 병같이 지켜라
　　　　병이 몸을 엿본다

二月　　고蠱충이 여러 마음을 먹으니
　　　　몸이 날개를 얻지 못한다

三月　　꽃은 떨어지나 봄이 없으니
　　　　아픈 나비가 길을 잃는다

내 어릴 적 꿈은 한적한 종점에 떠 있는
집어등 같은 수예점 하나 갖는 것이었는데
베갯모마다 한 배 병아리를 거느린 암탉과
크낙한 떡갈나무 그늘을 수놓는 것이었는데
삐끗했으리라 먹물길 한가운데 들어
시시로 곤한 몸이 앉지도 서지도 못한다

七月　　친한 사람과 동행하나
　　　　웃음 속에 비명이 있다

八月　　게를 잡아 물에 놓고

닭을 쫓다가 울을 본다

九月   산 그림자 강가에 거꾸러져
        단풍 든 고기가 산 위에서 논다

해는 저물어가고 종점 가는 길
위험천만 내 발을 걸고 있는, 넌, 넌,

두문두집

네게 닿고 싶어
서로를 보듬고 설 수 있는 짚단이 되고 싶어
까칠한 배꼽 감출 수 있는 울타리가 되고 싶어
하지만 우선 문이 있어야,
나그네처럼
사막을 헤매던 모래집이 말했어

그만 자고 싶어
탯자리를 향해 행렬 짓는
늙은 코끼리처럼 남아프리카 케냐 어디쯤
페루의 새처럼 남아메리카 어디쯤
하지만 우선 이 문을 버려야,
진흙뻘처럼
기다림에 지친 붙박이집이 말했어

전전긍긍

수수털 위에서 단잠을 자고 막 일어난 배추흰나비
하얀 아욱꽃에 막 앉으려는 배추흰나비
노란 배추꽃에 앉아 꿀을 빨고 있는 배추흰나비 위에
사뿐히 올라 앉아 있는 배추흰나비
흰 앵두나무꽃에 앉아 꿀을 빨고 있는 배추흰나비
노란 유채꽃을 막 떠나려는 배추흰나비

나비 날아다니네. 그래! 그래서?
나도 날아다니네. 그래! 그래서?

날아라! 원더 우먼

뽀빠이 살려줘요— 소리치면
기다려요 올리브! 파이프를 문 뽀빠이가 씽 달려와
시금치 깡통을 먹은 후 부르르 알통을 흔들고는
브루터스를 무찌르고 올리브를 구해주곤 했어
타잔 구해줘요 타잔— 외칠 때마다
군살 없는 근육질 허리에
치타 가죽인지 표범 가죽인지를 둘러찬
타잔이 아—아아 나무와 나무 사이를 날아와
악어를 물리치고 제인을 번쩍 안아들던
아 정글 속의 로맨스
베트맨—, 슈퍼맨 맨— 외치면
망토자락 휘날리며 날아와 조커와 렉스로더를 헤치우고
마고트 키더나 킴 베신저의 허리를 힘차게 낚아채던
무쇠 팔 무쇠 다리 육백만불의 사나이들

그때마다 온몸이 짜릿했어, 헌데 말야

문 프린세스 헐레이션—
세일러문 요술봉을 휘두르는 딸아이를 붙잡고
날 좀 풀어줘— 날 좀 꺼내줘—

허우적댈 때마다 기억나는 이름은 왜
어떻게든 살아나가 물리쳐야 할 악당들뿐일까
왜 난 부를 이름이 없는걸까, 꿈에조차, 왜,

부기우기 뜨랄라

　세상 머리에 빨대를 꽂고 젖 먹던 힘으로 젖빛 뇌수를 빨아대며 터진 꿀통에 환을 뿌려봐!
　세상 혈관에 빨대를 꽂고 뱃가죽이 튀어나오도록 검은 피를 빨아대며 죽음을 기억하라 외쳐봐!
　세상 음부에 빨대를 꽂고 똥줄이 당기도록 음액을 빨아대며 발라당 발라당 색을 써봐!

　문전걸식하던 자음과 중환자실을 전전하던 모음이 담합해 분투중이다 장고 치는데 나발 불며 가공할 세기말을 골라! 골라! 완전파업 세일중이다 정작 세상은 빨대를 옆구리에 낀 채 어슬렁 버슬렁 구경중이다 세상이 무관심할수록 자음의 자해는 장엄하고 세상이 저만치 있을수록 모음의 공갈은 고혹적이다 급기야 행간에 쇠그물을 치고 글자마다 웃통을 벗어부치고 세상 니들은 완전 끝장난 거다! 세상 목구멍에 무쇠 낀 손가락을 집어넣어 휘저으며 뒤집어버려! 토해버려! 고문중이다 뜨랄랄라! 해적판처럼 돌고 도는 장송곡을 베끼고 또 베끼며 할렐루야! 지들끼리 엎친 데 덮치며

　시큼한 책 속 세기말들이 뜨랄봐라! 뜨랄루야!

게임의 법칙

그래? 내 입과 두 눈에
네 손가락들을 깊숙이 박아봐!
그래? 날 던져봐!
잘 굴러갈 거야
네 빗장뼈를 타고 코뿔소뿔처럼 달려가
네 심장의 핀들을 모조리
으스러뜨려 놓을 거야
그래 너!
지금은 날 요리조리 애무하고 있지만
그래 나?
아직은 아직은 터질 듯 도사리고 있지만
그래 너?
언젠가 날 내던지고 말걸, 그 순간
그래 나!
네 검은 허파 속을 돌진해
뚝 끊긴 지평선 너머까지 돌진할 거야
온몸으로 끝장내줄 거야

어때?
의심에 질린 맞수들의
스트─라이크 사랑

단풍 갈까?

내 속을 들여다봐!
쌀겨 같기도 진드기 같기도
뭔가 으스스한,
살집들이 내준 길을 따라
칙 칙 폭폭
당신을 싣고 달릴 때마다

한 계절 짙푸르던 잎들
오가리들어서야 제 잎색을 내고
지기 전에서야 제 목소리를 낸다는데
환해만지는 저 숲의 사랑은
참 더웁기도 하지?
거름처럼 가벼워지는 저 잎들
정말 아름답지?

납가루 같기도 따개비 같기도
으스스한, 그것들 말야
헛도는 나이테에 쌓일 때마다
나는 자꾸 단풍 짙어지는데
응? 중력이 구원이라구?

한 집 눈물

생에 그늘이 될 만한 집 한 채는 있어야 해요
집은 나 한 집 하기 나름인걸요
도장에 미장, 섀시하고 조명 바꾸고
버티컬 건 후 유리창까지 닦아준다
황홀한 집에 빠진 나 한 집

집이 기침을 하면 나 한 집 약 먹는다
집이 오줌 누고 싶어하면 나 한 집 똥 눈다
집이 술잔을 들면 나 한 집 담배를 피워 문다
집이 단추를 풀면 나 한 집 속옷까지 벗는다
집이 심심해하니 나 한 집 아이 낳아준다

집은 날로 의기양양 나 한 집 업신여기고
나 한 집 더럽히고 나 한 집 깔아뭉개고
너 나가 너 나가 다 나가 나 한 집 내치네
집을 쫓아다니느라 빚더미에 오른 나 한 집
나 한 집 옹골차게 등쳐먹은 잔인한 집에
내쫓긴 가엾은 나 한 집시

시 속에서야 쉬는 시인

그는 좀체 시를 쓰지 않는 시인이다
월간 문예지를 통해 정식으로 등단했으니
그는 분명 시인인데,
자장면도 먹고 싶고 바바리도 입고 싶고
유행하는 레몬색 스포츠카도 갖고 싶다
한번 시인인 그는 영원한 시인인데,
사진이 박힌 컬러 명함도 갖고 싶고
이태리풍 가죽 소파와 침대도 갖고 싶다
그러니 좀체 시 쓸 짬이 없다

그가 시를 쓸 때는
눅눅한 튀김처럼 불어 링거를 꽂고 있을 때나
껌처럼 들러붙어 있던 사람들이 더 이상 곁에 없을 때
오래 길들였던 추억이 비수를 꽂고 달아날 때 혹은
등단 동기들이 화사하게 신문지상을 누빌 때
그때뿐이다 이불을 뒤집어쓰고 그때마다
절치부심 그토록 어렵사리 쓴 시들은
그러나
그 따위 시이거나
그뿐인 시이거나

그 등등의 시이거나
그저 시인
시답잖은 시들이다

늘 시 쓸 겨를이 없는 등단 십 년의 그는
몸과 마음에 병이 들었다 나가는
그 잠깐 동안만, 시를 쓴다
그가 좋아하는 나무 몇 그루를 기둥 삼아
그가 편애하는 부사 몇 개를 깎아놓고
그가 환상하는 행간 사이에
납작 엎드려
평소에는 시어 하나 생각하지 않았음을
참회하며
시 속에서야 비로소 쉰다

절필을 선언한 시인

그는 좀체 시 쓸 짬이 없던 시인이었다
직장에서는 상사와 부하들이
가정에서는 더할 나위 없는 아내와 딸들이
동인 모임에서는 술친구 시인들이
동창회에서는 동기와 선후배들이
서랍에서는 열댓 개의 통장과 청구서와
암호 같은 각종 진단서들이 그를 불러댔다
소위 잘 나가는, 이를테면 젊어서 바쁜 대가로
그의 이름은 한국 문인 주소록에도 등기되지 않았다

그러다 불현듯, 정말 시인이 되기로 결심했다
구제 금융의 수혜를 입은 상사가 발 빠른 후배들이
초등학교에 입학해 버린 딸들과
딸들 스케줄을 관리하느라 하염없는 아내가
잊을 만하면 만나 밥만 먹는 해체된 동인들이
더러는 이혼하고 실직하고 더러는 죽기도 한
썰렁한 동창회가 각종 통장과 청구서와 진단서들이
더 이상 그를 부르지 않았다
덕장에 널린 명태 같은 시간들을 주체 못하다 그는
불현듯, 그래 난 시인이었지, 가 떠올랐고

급기야 시를 쓰기 시작했다 먹다 만 쑥떡 모양
빈 집에 남겨져 하루에 다섯 편을 쓰기도 했다
요절하는 게 아닐까 가슴 졸이던 날들이 가고 또 갔다

헌데, 별로예요, 시는 시인에게 마음이 없었다
설상가상으로 시의 시대는 갔다 했고
출판업계는 최대의 불황이라 했다
시인의 시편들을 실어줄 지면도
시집을 묶어줄 출판사도 해설을 써줄 평론가도 없었다
다시 등단을 할까 고민하다
퇴직금 일부를 떼내 자비 시집을 찍었다
내로라 하는 문인들에게 오백여 권을 보냈지만
받았는지조차 알 수 없었다

매일 열 권씩을 들고 나갔으나 줄 사람도
만날 사람도 없었다 인사동이나 대학로 카페에서
혼자 있는 사람에게 슬쩍 건네주기도 하고
벼룩시장 가판대에 몇 권을 놓고 오기도 했다
그러다 덜렁 한 권만이 남았을 때 그는
차라리 집 근처 골목에서 빵을 굽거나

목좋은 데서 해장국을 마는 게 낫겠다고 결심했다
기필코 절필을 선언한 시인의 〈마지막 시〉는 이랬다

   그저, 그뿐인, 그 따위, 그 등속의 시야
   시퉁시퉁 내게 데데한 시금떨떨한 시야
   시쳇말로 늬들끼리 다 해 먹어라
   나는 졌다 시시 떼떼에 시시 껍절에
   나는야 시에 채인 시골뜨기 병시인—

시인의 일식

네 속으로 들어간다 내가
비명처럼 소름처럼
불꽃 튀는 네 아가리 속을
내가 기어들어간다
내 옆구리가 탄다 용광로처럼 활활
내 허리뼈가 네 화수분 속에서 꽃가루가 되고
내 두 무릎이 네 허방 속에서 안개가 된다
한 가닥 속눈썹이
아득한 재로 남을 때까지
내 살들이 무너지면 집인 줄 알라
내 뼈들이 부서지면 농인 줄 알라
네 전부에 내 전부를 밀어넣고
두 전부가 엉겨 몸 부비며 타는
쓸쓸한 소리들
내 백태의 혀가
천길 목젖 네 지옥불 속에서
순하디순한
세상 여명을 끄집어낼 때까지

길섶 꿈속

> 길에 대한 공포는 집을 향한 망설임이다
> 눈을 감으면 온갖 길들이 아가리를 벌리곤 한다
> 그 길들은 내 생의 암시고 병이고 죽음이겠지만,
> 뭐 그렇고 그런 내 겁의 새끼들이겠지만.

 갈앉은 길. 검은 옷에 검은 두건을 쓴 무리들이 끝없이 내려가요 가물대는 촛불을 들고 바닥 모를 동굴 속을 가요 지네 이끼 깨진 돌들이 피투성이 맨발을 파먹어요 찌익 찍―달려드는 박쥐떼에게 촛불마저 먹히면 한발짝도 뗄 수 없어요 날 기다리는 사람들은 이 썩은 창자 밖에 있는데 나는 검은 행렬을 따라 자꾸만 창자 속으로 가라앉아요 다시는 돌아올 수 없으리라 울며 떨며 떠밀리며 영원처럼 더디게

 깨진 길. 가지 않은 길은 없는 거예요 겁도 없이 가던 길 끝을 넘어서요 햐―불속처럼 환한 노을 밑으로 초가집이 몇 채, 푸른 논 위엔 해오라기 한 마리가 외다리로 서 있군요 가만 다가가 등에 올라타요 놀란 해오라기 날개가 지붕보다 산보다 더 크게 펼쳐져요 대붕이다 대붕, 외치는 순간 우지끈 한쪽 날개가 하늘에 걸려요 싯푸른 천둥번개에 궁창이 산, 산, 조각나요

토막난 길. 옛집 마당이거나 좁은 산길이에요 어디선가 뱀들이 몰려와요 등 푸른 물고기들이 퍼덕퍼덕 달려들어요 어디서 났을까 나는 삽과 꼬챙일 들고 마구 찍어대요 창날처럼 갈라진 뱀들의 혀가 비명의 산을 이뤄요 돌아서면 물고기 내장이 검은 콜타르 강을 이뤄요 뎅뎅 수천 볼트의 교회 종소리에 감전된 내 몸은 콘크리크, 콘크리트, 숨이 막혀 길이 막혀

덮치는 길. 한갓진 바닷가에서 친구들과 모래 장난을 하고 있어요 어느새 물때가 되어 물이 밀려와요 둥 둥 둥 북소리가 울리고 모두들 뭍을 향해 달려가요 헌데 밟는 모래마다 흡반이 되고 뻘이 되어 날 잡아당겨요 혼자예요 푹푹 무릎이 빠져요 거품을 문 바다가 정강이를 잘라 먹었어요 온몸이 모래 뻘이에요 놀 든 바다가 가슴을 턱을, 아악─

터지는 길. 초록 냉기를 내뿜는 낯선 골목을 헤매고 있어요 빗발은 거세지고 골목은 좁아들고 날은 어두워만 가요 집 가는 길을 찾고 있는데 두드리는 문마다 철벽이에요 막다른 골목 발부리쯤 하수구 토관이 벌겋게 입을 벌리고 있어요 저 토관만이 집 가는 길이에요 토관 속 꿈틀대는 구더기와 오물을 쓰윽 걷어내고 토관에 머리를 들이밀어요 머리가 길의 아가리에 꽉 끼는 순간 토관이 울컥,

그리운 한 집

썩은 지푸라기가 저 가엾은 바퀴를 끌고 왔어,
저녁이 되어도 식어빠진 마음은 끝내 점화되지 않고
탁탁, 쉿쉿, 바람 빠지는 소리를 내곤 하는데
프라이팬에서는 화톳장 같은 살들이 바짝 타고 있는데
하얗게 질려 흩어져 있던 밥알들이 쓱 쓸려가는데
가축 소파는 식초 냄새를 풍기며 푹푹 꺼져가는데
벌렁 누워버린 문뚜껑 고리가 스르르 헛돌아가는데
꺼져버릴거야, 저 안쪽으로……
끈적한 꿈들이 관자놀이에 밀려왔다가
줄무늬를 만들어놓고 찔뻑찔뻑 퇴각하는데
젖 먹던 힘으로 가고 또 가던 초침이 툭 떨어지는데
맹목으로 응집해 있던 거울이 미끌 부서지는데
곡예는 어려워, 늘 바닥에 떨어진다구,
열쇠를 잃어버린 칠흑 피아노 덮개는 입 다문 지 오래
못뿌리쯤이야 하던 벽이 쓸쓸쓸 소금처럼 부서지는데
부르튼 수도꼭지는 조갈든 눈썹 하나 적시지 못하는데
백년 묵은 하수구는 온갖 날벌레들 버캐에 시달리는데
복사꽃 바람에도 푸석한 커튼 한 자락 따라가지 않는데

흠, 집이군, 그래도 그리워, 내 늙은 한 집이

3

뒷심

모든 그림자는 빛의 뒤편으로 무너진다는데
모든 풀은 바람 뒤로 밀리고 바람 뒤로 눕는다는데
모든 줄다리기는 뒤편을 향해 당겨진다는데
모든 말은 침묵 뒤편으로 고인다는데
모든 사람들은 뒤가 실해야 당당히 설 수 있다는데
모든 사랑은 기다림 뒤편에서 완성된다는데

모든 그림자에게 뒤는 내려앉기 위해 있다는데
모든 풀에게 뒤는 맞서기 위해 있다는데
모든 줄다리기에서 뒤는 버티기 위해 있다는데
모든 말에게 뒤는 숨기 위해 있다는데
모든 사람들에게 뒤는 돌아보기 위해 있다는데
모든 사랑에게 뒤는 젖기 위해 있다는데

모든 앞에 대항하는 바로 그 심心

블루 블루스

땅 속 저 깊은 흙구덩이에서도
검게 그을린 씨앗으로 남아
여덟 개의 꽃잎을 만들어냈다는
이천 년 만에 핀 젖빛 목련

여래나 금륜왕이 올 때까지
사람 눈에는 보이지 않는다는
히말라야 산록의 우담화
삼천 년 만에 피는 꽃

얼음 토탄이 되어서도
살아남았다는 기적의 씨앗
푸른 등꽃을 닮은 알래스카 루핀
일만 년 만에 핀 꽃

그러나
흙 속에서 얼음 속에서
싹도 피워보지 못한 채 죽어간
세상 모든 씨들
마음속에서 죽어간
하 많은 기다림의 씨들

고 집

참새는 천적인 솔개네 둥지 밑에 몰래 집을 짓는다
무덤새는 뜨거운 모래 밑에 제 몸 수백 배 집을 짓는다
고릴라는 잠이 오면 그제서야 숲속 하룻밤 집을 짓는다
너구리는 오소리 집을 슬쩍 빌려서 산다
날다람쥐는 나무의 상처 속 구멍집을 짓는다
꿀벌과 흰개미는 집과 집을 이어 끝없는 떼집을 짓는다
수달은 뭍과 물 중간에 굴집을 짓는다
물거미는 물속에 텅 빈 공기집을 짓는다
바퀴벌레는 사람들 집 틈새에 빌붙어 산다
집게는 소라 껍데기에 들고 다니는 집을 짓는다

세상 모든 짐승들은
제 몸을 지붕으로 덮고
제 몸을 벽으로 세워
제 몸에 맞는 집을 짓고 산다
제 몸이 원하는 대로
제 몸이 기억하는 대로

큼직한 집을 짓느라 살아 있는 하루가 끔찍하다
하나 더 들여놓고 한 평 더 늘리느라 오늘도 나는

흑백알락나비

직박구리가 울었다
자주 체했고 자주 토했다 위암 말기라 했다
가로수는 앙상한 가지다
불란서 유학 중이었다 결혼 준비 중이었다
처마 끝에 고드름이 걸렸다
십년 내내 암 병동에 사육되는 몰모트였다
좀말벌의 오래된 집을 보았다
치사량의 아티반 속에서 우화羽化를 꿈꾸었다
왕사마귀 시체를 보았다
모든 치료를 중단하자 위胃에 새살이 돋기 시작했다
졸참나무 앙상한 가지에 폭설이 내렸다
의사와 간호사는 기적이라 했다
눈 덮인 유채 줄기 밑에서 겨울 나는 번데기를 보았다
바스러진 눈꺼풀에 자욱한 검버섯을 걷어내며
풍년화가 피었다
식도와 창자가 막 바로 연결된 잇몸뿐인 입 안에
좀사마귀 알주머니를 보았다
서툰 숟가락질로 묽은 칼국수 국물을 떠 넣으며
멧새를 보았다
용서할 수만 있다면, 다시 날아볼 거야

매실나무에 꽃이 피었다

나뭇잎을 돌돌 말고 겨울잠을 자는
흑백알락나비 애벌레를 보았다

독

그는 술독이었다
찰랑찰랑 술향기를 뿜어내던
달 좋던 한 밤
공무도하 공무도하
한쪽 옆구리에 술길이라도 났던가
가슴에는 철사테를 두른 채
만사근본은 밥이다 용도변경한 후
삼시세때 헤아리는 의젓한 쌀독이 되었다
달 좋던 한 밤이 그립기도 했으나
가랄이 여덟이어라 위 두어렁셩
제 식솔들 이구동성 아우성에
위 두어렁셩 쥐도 새도 몰래
철사테도 삭고 기름기도 쏘옥 빠져
한철 지난 뒷간 앞에 매설된
오줌독이 되어
이런들 어떠리 저런들 또 어떠리
누울 장군 똥장군으로
안간힘을 다하건만

귀신맨치로,
누가 그리 오래 볼락한다구

무용가처럼

나, 귀처럼 쫑긋
나, 들이를 나네
나, 비처럼 裸波 裸波
나, 풀대며
나, 날아 배추밭에도 잠깐
나, 물밭에도 잠깐
나, 그네처럼 들명날명
나, 돌다 해질녘
나, 무에 들러붙은
나, 방처럼 樂喜 樂喜
나, 뒹굴다
나, 락 꽃핀 무덤에 들어
나, 체로
나, 가고 싶어요 동 동 동

무용한 四肢를 접고
지루하고 지루한 이 무대를요

사랑새앵무

> 장대에 아교를 발라 나무 꼭대기에 묶어놓으면
> 장대에 잘못 앉았다 잡힌 사랑새앵무는
> 또다시 그 짝의 미끼가 된다네

내가 아는 한 사내
마흔 넘도록 넥타이 맬 줄도 모른다는데
매일 다니는 집 골목 지나치기 일쑤라는데
그래도 직장은 지나치지 않고 꼬박꼬박 다닌다는데
블루스 출라치면 어쩐지 무릎부터 꺾어지곤 한다는데
누구한테도 말못할 독한 상처도 있다는데
이런저런 닦달에는 묵묵부답 뚝심 하나로 버틴다는데
배짱 안 맞는 상사 요령부득 맞받곤 한다는데
남의 말 곧이곧대로 믿다 허 참 허 참 한다는데
행상들만 보면 달려가 혀 빼물고 틀어앉곤 한다는데
내가 아는 그 사내
정체불명의 물혹 하나 간에다 키우고 있다는데
천하태평 별일이야 등만 대면 코 골기 시작한다는데
수상쩍은 시절이야 말술에 업혀오기도 한다는데
틈만 나면 티비랑 소파랑 먹다보다 자다깨다 한다는데
주체할 길 없는 식은땀에 늘상 턱밑 훔치곤 한다는데
아침마다 피 터지는 치질에 엉거주춤

마누라 눈치보며 만 원, 이만 원 한다는데

내가 아는 한 여자
내가 아는 그 사내 곁에서
오래 오래 한 세상 늙고 싶다는데

잘못 들앉은 길에 정든 길이 있었네

병들어 누울 疒

병들어 누울 疒을 들쳐 업고
症인지 癌인지 의심나 병원을 찾았더니
온갖 病들 떼서리로 꼬여 있데
별의별 病에
病 아닌 게 없데
요 작은 병들어 누울 疒이 저리 많은 病들의 지붕이라니,

병들어 누울 疒에 의심 드니 어리석을 癡
병들어 누울 疒에 속엣말이 갇히니 벙어리 瘖
노발대발 열불이 드니 열병 疢에, 가래 痰
병들어 누울 疒이 매일매일 굳어지니 고질 痼
병들어 누울 疒이 갈수록 편벽되니 버릇 癖
시시때때 뒤집히니 지랄병 癲
병들어 누울 疒이 오래 익으니 썩은 나무 냄새 瘤
틈없이 이 病에 저 病이 가득 차니 문을 瘗라,
병들어 누울 疒의 이 깊은 생이여

모든 몸이 병들어 살아 있구나
살아 있으니 모든 몸이 樂이고 藥이구나

관망

갈 길 몰라 지하철 노선도를 보다
내 반생이 걸어온 길과 내 반생이 걸어야 할 길이
거기 죄다 거미줄처럼 엮여 있음을 깨닫는 순간
보인다 텅 텅 소리를 내는 육 면의 벽 속
과부하로 바들대며 욕망을 나르는 온갖 배선 배관들이
보이고 발밑 얼키설키 덧대고 덧댄 폭발가스관이
보이고 언제 어디서 새는지 모르는 윗물아랫물관이
보인다 공사다망으로 길길이 내 몸을 물어 나르는
방방곡곡 어디로나 통하는 망과 망이
보이고 삼천리 만고강산을 휘돌아드는 인맥과 학맥이
보이고 모니터 속 네트워크로 하나된 만수산 드렁칡이
보이고 이 망 저 망에서 행여 빠질세라 오매불망이
보인다 망망대해 망에 걸려 파닥대는 망둥이떼들이
보이고 망에서 벗어난 망으로부터 누설 즉 사망이
보이고 내 삶을 지탱하는 희망 허망 황망 실망이
죄다 보이고 망 위에서 길 잃고 망 위에서 길 찾으며
철커덕 철커덕 왕십리 지나 오리를 향해 가는
내 마음의 밑창이 보이고 필사적으로 꽈―앙
밑창으로부터 돌진해오는 몸속 전망이 보인다

하마터면

당신은 창 안의 나를 보고 있었으나
나 내내 검은 당신을 보지 못했네
걷다 달리다 때로 넘어져 눕기도
먹고 입고 벗고 껴안고 울기도 했던 내내
복수처럼 차오르던 세상 모든 슬픔이
내 삼십 년을 저당 잡고
배 밖으로 터져나오는 순간

배 밖의 상처를 열고 들어오는 당신
나 비로소 당신을 보네
내가 낳은 나를 건네주자
내가 낳은 벌거벗은 나에게
입고 있던 옷을 벗어주는 당신
벌거벗은 당신 품에서
검은 옷을 입고 울고 있는
내가 낳은 나

손가락을 빨다

엄마 가난이 들었을까 아기는
쭉쭉 엄마를 빤다
엄마를 따라 나선 쭉 내민 입술에
제 엄지를 넣고 쭉쭉 빤다
앙당 쥔 주먹 속으로
입 속으로
갈급한 어매나무도 부서진 거푸집도
엄마도 통째로 쭉쭉 빨려간다
빨려 들어가며
한사코 발버둥친다
잠깐만, 잠깐만,
허겁지겁에
엄마 꼭지까지 푹 젖는다
아기 가난이 들었을까 나는

기타를 부수다

없다 더운 입맞춤에 헐떡이던 각다귀떼도
귓바퀴를 물들이던 열든 꽃잎들도
기억 없다 온몸과 온 생을 걸고 매달렸던
그때 그 튼실한 지푸라기들 그림자마저
검문에서 잃고 돌아나온 저 여름 풀숲
이제 없다 눈 숲을 훑뜨리는 첫 발자국에
투둑 제 스스로를 누설해 버리던 잔가지도
머리에서 피어나던 젖은 나무 냄새도
기억 없다 닿기만 해도 온몸으로 무너지던
수천의 눈사람도 가고 또 오지 않아
아무도 없다 이제 다시는 가지 않아
어쩌다 소주병이나 새우깡 봉지 틈에
흑싸리 껍질처럼 버려진 마른 넝쿨들의
가을 깊은 부엽토 노래도 잊혀져
한번 든 패는 결코 다시 들지 않아
소태도 뚱딴지도 절망도 흙도 벌레도
다시 없다 바닥까지 드러내버린 저 봄 숲

주차 정차 정사

땡볕이 퓨전 재즈로 들러붙은 한낮의 공터를
다국적 BMW가 미끄러지듯 한바퀴 돌고 있다
히스테리컬한 티뷰론이 급브레이크를 밟고 와
담배를 물고 기다리던 여피 아반테 앞에 붙인다
좀더 가까이 좀더 세게 빨아들일수록
주린 담뱃불은 더욱 짧게 더욱 깊게 탄다
광기의 속도가 주특기인 펑크 무쏘와의 한판
붙임에 아직도 떨고 있는 키치 티코 뒤에
정중하게 붙여대는 올리브빛 디제라티 레간자
안테나를 내린다 창문을 내린다 시트가 젖혀진다
꽁무니를 붙이고 선 저 퀴어 프라이드들
이 성性이 같고 저 성姓이 같아도 어디서든
앞뒤 안 가리고 붙여대는 저 넝마의
키를 뺀다 스위치를 끈다 불이 꺼진다
세기의 말복을 불타는 옆구리로 달려와 일제히
안테나를 내리고 엉덩이를 붙이고 선
강철 히드라들의 저 불 꺼진 두 눈
밀레니엄아, 너도 함께 갖다붙이지 않을래

안달복달

펄떡이는
모래무지를 삼키고
체머리를 흔들며 견디는
검은머리 해오라기
긴 목의
꿈틀거림

검은 머리 해오라기
지루한 목
한가운데서
거세게 파들대는
은빛 모래무지의
용트림

저 살[肉]들
먹고 먹힘의 광휘

풍뎅이

할머니 잡탕집을 올라가는 서른네 계단 중간 참에 섀시로 바람을 막아 세운 반 평이 그의 서식지다 삼십촉 백열등에 잘 구워진 그의 등은 때 절은 말가죽처럼 빛난다 가물에 콩 나듯 누군가 툭 건드릴 때만 잠깐 바르르 떨 뿐 그는 껍질을 닫아건 그루터기 같다 담금질된 꺾인 걸쇠 같다 뭉깃뭉깃 자라는 무덤 같다 내려가고 올라가는 이름들과 신고하고 퇴거하는 이름들을 막도장에 파넣느라 정작 제 이름 파넣는 걸 잃어버린 그가 흠집투성이 책상에 엎드린다 쥐고 있던 끌칼이 굳은살과 함께 툭, 떨어진다 부푼 토시에 가려진 가느다란 두 팔에 머리가 묻힌다 외눈용 깜장 돋보기 고무테가 주르르 흘러내린다 고립무원의 등딱지 속 연한 날개가 펼쳐진다 붕붕 닿을수록 무거워지는 것들, 와들와들 제자리를 맴돈다 붕붕 가쁜 풍화소리다 눈 깜짝할 사이 무언가 사라졌다

울진에 울새

어딘가에 닿기 위한 끈질김은 언제나
한 발 앞장선 끈질김에 그 끝을 모른다

잊을 만하면 달려드는 겨울 바다에
구불구불한 끈질김이 툭 툭 터진다
예기치 못한 급커브길마다
때늦은 제동에 차체가 심하게 기울고
곧추세운 끈질김이 철렁 내려앉는다
가파르던 끈질김이 주문진의 경사를 버리고
시퍼렇던 청춘도 묵호 바닥을 밑돈다
앞뒤를 다투는 길의 끈질김을 버리고
계기판과 이정표의 끈질김을 버린다
끈질지게 끈질기던 끈질김도
어찌하면 버릴 수 있을 것만 같더니,
끈질김이 몸을 바꾸는 울진 어디쯤
왜 그리 뜬금없이 등이 시렸던가
울컥 목을 놓고 싶었던가
내 진을 다 빼먹고 날 밀어내는
끈질김이 길을 잃은 울진 어디쯤

한낱 지나온
흔적도 없는 7번 국도의 바퀴 자국이었단 말이냐
이제 어디로 가야 한단 말이냐

이력서를 쓰다

나는 안다 취했다고 나를 따돌리는 당신이
웃고 웃으면서 나를 씹고 있다는 것을 불안해서
그리 웃다 보면 울 수도 있다는 것을
이빨을 닦으며 위아래로 우는 저녁마다
울다 보면 언젠가는 잠이 들기도 한다는 것을

눈밝은 당신이 피한 돌부리에 내가 넘어질 때
아픔보다 비웃음이 더욱 고통스럽다는 것을
넘어진 나를 오늘은 벌레 보듯 외면했던 당신이
내일이면 내 옷에 묻은 흙을 정답게 털어주기도 하고
붉은 눈시울로 내 관에 걸터앉아 울기도 한다는 것을

나도 안다 삼십삼 년 석달 스무하루를 목숨 걸고
두드리고 있는 자판 위의 손가락이 바닥을 칠 때
이 한 장의 삶을 보고 있는 당신들의 눈이
개흙 먼지를 뒤집어 쓴 이하 여백의 토끼풀처럼
까닥까닥 졸고 있다는 것을 이미 알고 있어

우리에 눌러붙은 지린 지푸라기처럼 당신이나 나나
어제의 구름을 베끼며 긴 한숨을 토해내리라는 것을

뻘 천지 악어등에 잠시 앉았던 파리가 날아가듯
이 문장처럼 흔적도 없이 좌초되리라는 것을
나는 알고 있다 이력이 난 이 병든 밤에

정글 1

敵진에 나가
敵을 보며
敵과 섞여
敵의 손을 잡을 것
개는 때린 손을 핥는다
敵을 품에 안고
敵과 동침할 것
敵과 한몸된
敵일 것
진드기는 더운 피맛을 본 후에야 떨어진다

내 품에 안긴 나를 위해
젯밥을 지을 것

옹관 3

바람마저 막막히 사그라지는
푸른 사막 저편
어느 때 어미의 어깨뼈였던
사금파리 하나
그믐으로 떴다

황사에 실려왔던
마른 뼛가루 냄새에
머리칼도 눈썹도 하얗게 센 어미가
흥건한 네온 속
열두 아이를 낳고
만월의 돛을 펄럭이는

수년 수십년 동안
발톱에 모래를 묻힌 까마귀가
꺄악— 달 눈을 파먹고
파먹고

정글 2

작은 곤충이나 약한 물고기들 얘기다

밤나방 유충은 몸을 격렬히 흔들어 놀래킨다
왕사마귀는 앞다리를 들거나 날개를 펼쳐 위협한다
칠성무당벌레는 노란 냄새나는 즙을 내놓는다
복숭아거위벌레는 잎 위에서 뚝 떨어져 죽은 체한다
물고기의 까만 점무늬는 마치 눈眼처럼 보인다
물고기 가로줄무늬는 실제 속도보다 더 빠르게 보이고
물고기 세로줄무늬는 실제 속도보다 더 느리게 보인다

敵으로부터 도망치기 위해
나는 이 모든 방법을 쓴다

동요動搖

상영아 달 따러 가자
갓 쪄낸 콩가루 시루떡 같은 달이 뜰 때
튼튼한 느티나무 밑에 가
기다리고 기다리면
느티나무 그물 가지가 달을 건져줄지 몰라
어쩌면
달콤한 바나나 같은 달이 뜰 때
사다리에 사다리를 이어
올라가고 올라가면
한 손으로 달을 잡을 수 있을지 몰라
그래 그래
오리처럼 뒤뚱뒤뚱 달이 뜰 때
빨간 장화를 신고 앞서 걸으며 구구 구구
부르고 부르면
물갈퀴별을 찍으며 종종종 달이 따라올지 몰라
아무렴
네 불룩한 배처럼 폭신한 달이 뜰 때
지구는 둥그니까 호주머니 손에 휘파람을 불며
내려가고 내려가면
달에 훌쩍 뛰어내릴 수 있을지 몰라
상원아 너도 함께 가자

정끝별

1964년 전남 나주에서 태어나, 이화여대 국문과와 동 대학원을 졸업했다. 1988년 《문학사상》에 시가, 1994년 《동아일보》 신춘문예에 평론이 당선된 후 시 쓰기와 평론 활동을 병행하고 있으며, 현재 이화여자대학교 국어국문과 교수로 재직 중이다. 시집 『자작나무 내 인생』, 『삼천갑자 복사빛』, 『와락』, 『은는이가』, 『봄이고 첨이고 덤입니다』, 시론·평론집 『패러디 시학』, 『천 개의 혀를 가진 시의 언어』, 『오룩의 노래』, 『파이의 시학』, 『시심전심』, 『시론』 등이 있다. 유심작품상, 소월시문학상, 청마문학상, 현대시작품상 등을 수상했다.

흰 책

1판 1쇄 펴냄 2000년 5월 25일
1판 5쇄 펴냄 2021년 8월 23일

지은이 정끝별
펴낸이 박근섭, 박상준
펴낸곳 (주)민음사

출판등록 1966. 5. 19. 제 16-490호
서울특별시 강남구 도산대로1길 62(신사동)
강남출판문화센터 5층 (우편번호 06027)
대표전화 515-2000 / 팩시밀리 515-2007
www.minumsa.com

ⓒ 정끝별, 2000. Printed in Seoul, Korea.
ISBN 978-89-374-0685-0 03810

* 잘못 만들어진 책은 구입처에서 교환해 드립니다.